① 가족북 시리즈

손자와 손녀가
평생 함께 읽는 책

할미북

Do you want know your real grand mother?

할미북

How much do you know about your grand Mommy?

**TO
MY GRAND
MOTHER.**

**FOR
YOUR
LOVER.**

20 . .

머릿말

왜 초등학교, 중학교, 대학교를 다니는 동안 아무도 내 아빠 엄마 할머니, 할아버지에 대해서는 알려주지 않는것일까? 정말 나라를 세운 세종대왕, 나를 구한 이순신 같은 위인들의 이야기만 몇십번이고 읽어내려 가는것이 맞는 것일까?

이 책은 위와 같은 질문 때문에 시작이 되었습니다. 누구도 알려주지 않았던 단 하나의 짧은 질문으로 시작되어 그동안 내 옆에 있었지만 누구도 이야기해주지 않았던 엄마 아빠, 할머니 할아버지에 대한 내용들을 그리고 누군가 궁금해할만한질문들을 그분들에게 하고 싶었던 말들을 넣어 이 책을 완성해 보았습니다.

이책은 100개 이상의 질문으로 이뤄져 있으면, 하루에 다 끝낼 수도 또는 하루에 하나씩 3달에 걸쳐 끝을 낼수도 있습니다. 다만, 너무 급하지 않게 정말 한장한장 곱씹어 가면서 부모님과 시간을 가지면서 부모님에 대해서

또한 자녀에 대해서 알아가는 시간을 가질 수 있었으면 합니다.

이책을 통해서 대한민국의 더 많은 자녀들이 친구들이나 연예인들의 생일을 챙기기보다는 바로 나의 옆에 있는 가족을 먼저 챙기고 그들의 과거를 알 수 있었으면 합니다.

온가족이 모여 함께 기억을 더듬어가면 이 책에 하나씩 기록 하다보면, 10년 30년, 50년을 함께 살았더라도 '정말 그때 그렇게 생각했어?' '나는 정말 당신이 그런 생각하는 줄 몰랐다오' 등등 서로의 관심사와 생각에 대해서 새롭게 알아가는 부분이 정말 많을 것이라 확신합니다.

또한 앨범에만 묻혀 언제 꺼낼지 몰랐던 연애편지, 음반등을 꺼내면서 소중한 물건 하나하나, 사진 하나하나에 담긴 의미를 서로 알게 된다면 오해를 가지는 일이 더욱더 줄어둘고 웃음꽃만 많아질 날이 더 생겨날 것입니다.

오늘 오후 가족과 함께 조용한 찻집에 찾아가 이 질문을 채워가면서 서로를 알아가보는것은 어떨까요?

Writing Profile here
　　　　　할머니의 모든것

- 할머니 성함

- 할머니 한자

- 할머니생신   년   월   일

- 혈액형   □ A   □ B   □ O   □ AB

- 몸무게/키   [   ]kg   [   ]cm

- 신발사이즈   [   ]mm

- 할머니별자리

- 본적 or 고향

- 할머니직업

- 할머니종교

- 결혼기념일   년   월   일

- 할머니취미

차례

00 할미북 소개 —— 004
Who is my grand mother?

01 할머니의 어린시절 —— 011
When she is young

02 할머니의 할아버지 —— 037
Grand Mother and Grand Father

03 할머니와 증조할머니 —— 049
Grand Grand mother story

04 할머니의 20대 —— 065
When she is 20's

05 할머니와 엄마아빠 ——— 079
Grand Mother and Father

06 할머니의 생각에 대해 ——— 103
Grand Mother's thinking

07 할머니의 주변사람들 ——— 115
Grand mother and friends

08 할머니의 직장생활 ——— 129
Grand mother and work

Grand Mother's Day

01

할머니의
어린시절

PICTURE

할머니의 추억이 담긴 사진을 붙여주세요.
Put your memory picture here

PICTURE

할머니의 추억이 담긴 사진을 붙여주세요.
Put your memory picture here

TALKING ABOUT GRAND MOMMY

* 이렇게 작성해보세요 (예시)

  우리 할머니는 어렸을적부터 나와 함께 있는 시간이 많았다. 그때는 부모님 보다 할머니와 함께 시간을 보내는 것을 당연하게 여겼다. 그런데 나도 나이가 들다 보니 할머니가 나때문에 얼마나 힘들어 했을지.. 감이 왔다.

  나때문에 멀리도 못가시고, 나때문에 먹고 싶은것도 못드셨을 우리 할머니.. 그런데 나는 할머니에 대해서 아무것도 모른다. 항상 내 곁에 있을거 같았는데...지금은 건강때문에 하루하루 너무 힘들어하신다. 그때 더 잘해드릴껄 그때 더 맛있는거 사드릴껄.. 후회하지 않도록 오늘은 할머니에게 전화라도 한통 드려봐야겠다.

(서울시 송파구, 김하나님, 43세)

할머니에 대해 이야기하다

TALKING ABOUT GRAND MOMMY

할머니에 대해 이야기하다

QUESTION
001

할머니가 태어난 곳은 어디에요
Where were you born?

20   .   .

손자손녀가 함께 읽는 할미북
Grand mother's book

QUESTION
002

할머니가 가장 존경하는 선생님은 누구신가요?
Who is your most respected teacher?

20   .   .

QUESTION
003

할머니가 어렸을 때 가장 친한 친구는 누구인가요?
Who was your best friend when you were a child?

20   .   .

QUESTION
004

할머니 어렸을 적 꿈은 뭐였어요?
What was your dream when you were a child?

20   .   .

QUESTION
004

할머니가 했던 가장 못된 장난은 뭐에요?
What was the most misbehavior thing you ever played?

20 . .

QUESTION
005

할머니가 어렸을 때 유행하던 놀이가 뭐였어요?
What was the most popular game when you were a child?

20   .   .

006

할머니가 기억하는 가장 부끄러운 순간이 언제에요?
When was the most embarrassing moment of your memory?

20 .   .

QUESTION
007

할머니는 억울해서 잠을 못 잤던 기억이 있나요?
Do you remember when you couldn't sleep because you was unfairly?

20   .   .

손자손녀가 함께 읽는 할미북
Grand mother's book

QUESTION

할머니가 가장 감명깊게 읽은 책은 뭐에요?
What was the most impressive book that you read?

20   .   .

손자손녀가 함께 읽는 할미북
Grand mother's book

QUESTION
009

할머니 어렸을 때 별명은 뭐였어요?
What was your nickname when you were a child?

20   .   .

QUESTION
010

할머니가 가장 좋아하는 음식이 뭐에요?
What was your favorite food?

20   .   .

손자손녀가 함께 읽는 할미북
Grand mother's book

QUESTION
011

할머니가 처음 좋아했던 이성 친구는 누구에요?
Who was your first love?

20   .   .

QUESTION
012

할머니가 썼던 연애편지보여주세요.
If there's a love letter you wrote, show it to me.

20   .   .

QUESTION
013

할머니 중고등학교 때 사진 보여주세요
Please show me pictures from your junior high school days.

20   .   .

손자손녀가 함께 읽는 할미북
Grand mother's book

QUESTION
014

할머니는 어렸을 때 엄마, 아빠 말 잘 들었어요?
Did you obey your parents when you were a child?

20 . .

QUESTION
015

할머니는 어렸을 때로 돌아가면 무엇을 하고 싶으세요?
What would you like to do if you could go back to your childhood?

20   .   .

QUESTION
016

할머니 공부는 얼마나 잘하셨어요?
How well did you study?

20   .   .

QUESTION
017

할머니가 가장 존경하는 선생님은 누구신가요?
Who is your most respected teacher?

20   .   .

QUESTION
018

할머니는 어렸을 때로 돌아가면 무엇을 하고 싶으세요?
What would you like to do if you could go back to your childhood?

20 . .

QUESTION
019

할머니 운동은 얼마나 잘하셨어요?
How well did you sports?

손자손녀가 함께 읽는 할미북
Grand mother's book

QUESTION

중고등학교 때 돈 때문에 고민했던 적 있으세요?
Have you ever been worried about your money in high school?

20   .   .

Grand Mother's Day

02
할머니와 할아버지

PICTURE

할머니와 할아버지 추억이 담긴 사진을 붙여주세요
Put your memory picture here

PICTURE

할머니와 할아버지 추억이 담긴 사진을 붙여주세요
Put your memory picture here

TALKING ABOUT GRAND MOMMY

할머니와 할아버지에 대해 **이야기하다**

QUESTION
021

할머니랑 할아버지랑 어떻게 만나게 되셨어요?
How did you meet grandfather?

20   .   .

손자손녀가 함께 읽는 할미북
Grand mother's book

QUESTION
022

할아버지를 처음 본 순간 마음이 어땠어요?
How did you feel the first time you saw grandfather?

20 . .

QUESTION 023

할아버지랑 추억이 많은 장소는 어디에요?
Where do you have a lot of memories with grandfather?

20   .   .

손자손녀가 함께 읽는 할미북
Grand mother's book

QUESTION
024

할아버지랑 결혼을 결정한 순간은 언제에요?
When did you decide to marry with grandfather?

20   .   .

QUESTION
025

할아버지의 엄마 아빠에게 인사드리러 간날을 기억하세요?
Do you remember the day meet the grandfather's parents the first time?

20 . .

QUESTION
026

할아버지한테 드린 선물 중 가장 기억에 남는거는요?
What is the most memorable gift you gave your grandfather?

20   .   .

QUESTION
027

할아버지에게 받은 선물 중 가장 기억에 남는거는요?
What is the most memorable gift you got from your grandfather?

20   .   .

손자손녀가 함께 읽는 할미북
Grand mother's book

QUESTION

할머니랑 할아버지랑 첫 뽀뽀한 장소는 어디에요?
Where were you born?

20 . .

QUESTION
029

할아버지랑 연애할 때 가장 답답했던 순간은 언제에요?
When was frustrating moment with grandfather?

20   .   .

손자손녀가 함께 읽는 할미북
Grand mother's book

Mommy's Day

03

할머니와
증조할머니

PICTURE

할머니와 증조할머니 사진을 붙여주세요
Put your memory picture here

TALKING ABOUT GRAND MOMMY

할머니와 증조할머니 대해 **이야기하다**

QUESTION
030

할머니가 부모님 마음을 아프게 했던 적도 있어요?
Did you ever hurt your parents' feelings before?

20 . .

QUESTION
031

할머니가 첫월급 받던날 부모님께 드린 선물은요?
What was the gift you gave to your parents got first paycheck?

20   .   .

손자손녀가 함께 읽는 할미북
Grand mother's book

QUESTION
032

할머니의 부모님이 물려주신 소중한 유산은 뭐에요?
What is your parents' valuable legacy?

20   .   .

QUESTION
033

증조할머니가 처음으로 작다고 생각한 적은 언제에요?
When did you first think your mother look small?

20   .   .

QUESTION
034

증조 할머니에게 가장 해드리고 싶었던 것은 뭐에요?
What is the gift for your grand grand mother?

20   .   .

QUESTION
035

증조 할머니가 가장 좋아하는 음식은 뭐였어요?
What is the food grand grand mother like?

20   .   .

QUESTION
036

증조 할머니가 가장 자주하시던 말은 뭐에요?
What was your mother's favorite saying to you?

20   .   .

QUESTION
037

증조할머니와 가고 싶은 여행지가 있으세요?
Is there a place you want to visit with your mother?

20   .   .

손자손녀가 함께 읽는 할미북
Grand mother's book

QUESTION

할머니 부모님하고 살던 곳은 어디인가요?
Where did you live with your parents?

20   .   .

QUESTION
039

할머니는 부모님과 다투었던 적도 있나요?
Have you ever argued with your parents?

20   .   .

QUESTION
040

증조할머니가 가장 보고 싶을때는 언제에요?
When do you most want to see your mother?

20   .   .

Grand Mother's Day

04
할머니의 20대

PICTURE

할머니의 20대 사진을 붙여주세요.
Put your memory picture here

PICTURE

할머니의 20대 사진을 붙여주세요.
Put your memory picture here

TALKING ABOUT GRAND MOMMY

할머니의 20대에 대해 **이야기하다**

QUESTION
041

20대때 가장 감명깊게 읽었던 책은 어떤거에요?
What was the most impressive book you read in your 20s?

20   .   .   .

손자손녀가 함께 읽는 할미북
Grand mother's book

QUESTION
042

20대때 가장 유행했던 노래는 어떤거에요?
What was the most popular song in your 20s?

20   .   .

QUESTION
043

20대때 가장 즐거웠던 기억은 어떤거에요?
What was your favorite memory from your 20s?

20 . .

QUESTION
044

20대로 돌아가면 가장 하고 싶은건 뭐에요?
What would you most like to do if you get back to your 20s?

20 . .

QUESTION
045

20대로 돌아가면 가장 하고 싶은 직업은 뭐에요?
What kind of job do you want to have most when back to your 20s?

20 . .

QUESTION
046

20대에 했던 가장 도전적인 일은 뭐였어요?
What was the most challenging thing you did in your 20s?

20   .   .

QUESTION
047

20대에 가장 자랑스러웠던 순간은 언제에요?
What was your most proud moment in your 20s?

20   .   .

손자손녀가 함께 읽는 할미북
Grand mother's book

QUESTION
048

20대에 이성에게 고백 받은적도 있으세요?
Did you ever get somone's confession of love in your 20s?

20   .   .

QUESTION
049

20대때 첫직장은 어디였어요?
What was your first job in your 20s?

20 . .

손자손녀가 함께 읽는 할미북
Grand mother's book

20대에 스트레스를 해소했던 방법은 뭐에요?
How did you relieve your stress in your 20s?

20   .   .

Grand Mother's Day

05

할머니와 엄마아빠

PICTURE

할머니와 엄마 아빠 어릴적 사진을 붙여주세요
Put your memory picture here

PICTURE

할머니와 엄마 아빠 어릴적 사진을 붙여주세요
Put your memory picture here

TALKING ABOUT GRAND MOMMY

할머니와 엄마 아빠에 대해 **이야기하다**

QUESTION
051

아빠(엄마)가 할머니 품에 처음 안겼을때 기억하시나요
Do you remember when you first got my dad(mom) in your arms?

20   .   .

손자손녀가 함께 읽는 할미북
Grand mother's book

QUESTION

할머니, 아빠(엄마)가 처음 걷던 그 순간을 표현해주실 수 있어요?
Can you describe my dad(mom)'s first moments of walking?

20 . .

QUESTION
053

아빠(엄마)가 할머니를 닮은 행동은 뭐가 있나요?
What kind of behavior do my dad(mom) take after you?

20   .   .

QUESTION
054

아빠(엄마)와 할머니가 지금도 기억하는 행복했던 순간은요?
When was the happy moment you and my dad(mom) still remember?

20   .   .

QUESTION
055

할머니는 아빠(엄마)와 기억하기 싫은 무서운 순간이 있어요?
Do you still have scary moments you don't want to remember

20 . .

손자손녀가 함께 읽는 할미북
Grand mother's book

QUESTION
056

아빠(엄마)를 달랬던 할머니만의 노하우는 뭐에요?
What was your secret know-how for soothing my dad(mom) before?

20   .   .

QUESTION
057

할머니는 아빠(엄마)와 할아버지가 모르는 비밀도 있어요?
Did you have any secret between you and my dad(mom)?

20 . .

QUESTION
058

아빠(엄마)가 할머니를 눈물짓게 했던 날을 기억하시나요?
Do you remember the day when my dad(mom) made you weep?

20   .   .

손자손녀가 함께 읽는 할미북
Grand mother's book

QUESTION 059

할머니가 아빠(엄마)에게 항상 하시던 말씀은 무엇인가요?
What did you say to my dad(mom) so often?

20 . .

QUESTION 060

아빠(엄마)에게 가장 잘 물려준 것 같은 신체부위는 어디에요?
What part of my dad(mom)'s body looks most like you?

20 . .

QUESTION
061

할머니는 아빠(엄마)가 결혼하면 꼭 해주고 싶은 조언이 있어요?
What advice did you want to give to dad when he got married?

20 . .

QUESTION
062

아빠(엄마)에게 받은 선물 중 기억에 남는게 있으신가요?
What is the most memorable gift you have received from my dad(mom)?

20   .   .

QUESTION
063

할머니는 아빠(엄마)에게 가장 미안했던 순간이 언제에요?
When did you feel most sorry for my dad(mom)?

20   .   .

손자손녀가 함께 읽는 할미북
Grand mother's book

QUESTION
064

할머니는 아빠(엄마)에게 가장 크게 사랑을 어떻게 표현하세요?
How do you express your love to my dad(mom) the most?

20   .   .

QUESTION
065

할머니는 아빠 엄마에게 받고 싶은 선물이 있으세요?
Is there any gift you want from my parents?

20   .   .

손자손녀가 함께 읽는 할미북
Grand mother's book

QUESTION
066

할머니는 엄마(아빠)가 고쳤으면 하는 버릇이 있나요?
Does my dad(mom) have a bad habit that you would like her to fix?

20   .   .

QUESTION
067

할머니는 아빠(엄마)가 가장 대견했던 적은 언제에요?
Did you ever feel proud of my dad(mom)?

20   .   .

QUESTION
068

할머니는 아빠(엄마)하고 대화를 많이 하시는 편이셨나요?
How often do you talk to my dad(mom)?

20 . .

QUESTION
069

할머니는 아빠(엄마)가 할머니를 사랑하는게 느껴지시나요?
Can you feel my dad(mom) loving you?

20   .   .

QUESTION
070

할머니는 아빠(엄마)가 평생 기억했으면 하는 한마디는 뭐에요?
Is there a word you want my dad to remember for the rest of his life?

20 . .

손자손녀가 함께 읽는 할미북
Grand mother's book

Grand Mother's Day

06

할머니의 생각에 대해

PICTURE

할머니를 표현할 수 있는 사진을 붙여주세요
Mommy's Profile Mommy's Profile

PICTURE

할머니를 표현할 수 있는 사진을 붙여주세요
Put your memory picture here

TALKING ABOUT GRAND MOMMY

할머니의 생각에 대해 **이야기하다**

QUESTION
071

절대로 되풀이하고 싶지 않은 일이 있어요?
Is there something you never want to do again?

20   .   .

손자손녀가 함께 읽는 할미북
Grand mother's book

QUESTION
072

그 일은 왜 일어났나요? 거기에서 어떤 깨달음을 얻으셨나요?
Why did it happen? What did you learn from that?

20   .   .

손자손녀가 함께 읽는 할미북
Grand mother's book

QUESTION
073

'이것만은 꼭 지키고 살아왔다'라고 말할 수 있는 원칙이 있으세요?
What is your most important principle?

20   .   .

손자손녀가 함께 읽는 할미북
Grand mother's book

QUESTION
074

원칙을 만들게 된 사건이나 상황이 있었나요?
Did you have any incentive to stick to that principle?

20   .   .

QUESTION
075

인생을 변하게 만든 세 번의 사건이 있나요?
Are there three events that have changed your life?

20   .   .

QUESTION
076

지금의 할머니를 있게 만든 세 권의 책은 무엇인가요?
Are there three books that have brought you here?

20   .   .

QUESTION
077

인생을 크게 변화시켜준 세명의 사람은 누구인가요?
choose the three people who had the biggest influence on you?

20   .   .

QUESTION
078

사망 기사를 써야 한다면, 어떤 내용이 적히길 바라세요?
If you were to die today, how would your life be remembered?

20   .   .

Grand Mother's Day

07
할머니의 주변사람들

PICTURE

할머니의 친구, 동료와 찍은 사진을 붙여주세요
Mommy's Profile Mommy's Profile

PICTURE

할머니의 친구, 동료와 찍은 사진을 붙여주세요
Put your memory picture here

TALKING ABOUT GRAND MOMMY

할머니의 주변에 대해 이야기하다

QUESTION
079

인생에서 큰 성취감과 개인적 만족을 준 사람은 누구인가요?
Who is the biggest satisfaction in your life?

20   .   .

손자손녀가 함께 읽는 할미북
Grand mother's book

할머니 성취를 방해하는데 가장 큰 장애물은 어떤 것이었나요?
What was the biggest impediment to your achievement?

20 . .

QUESTION
081

할머니의 인생을 뒤돌아 볼 때 가장 행복했던 적은 언제입니까?
When was the happiest moment in your life?

20   .   .

손자손녀가 함께 읽는 할미북
Grand mother's book

QUESTION 082

할머니는 주변 사람들에게 무엇을 기대하세요?
What do you expect from people around you?

20 . .

QUESTION
083

주변 사람들은 할머니에게 무엇을 기대하고 있나요?
What do people expect from you?

20 . .

손자손녀가 함께 읽는 할미북
Grand mother's book

QUESTION
084

할머니가 기대하는 바를 주변 사람들과 서로 이야기해본적 있나요?
Have you ever told people around you what you want?

20   .   .

QUESTION
085

할머니가 가장 유지하고 싶은 인관관계는 어떤 것인가요?
What is the most important relationship you would like to maintain?

20   .   .

QUESTION
086

주변분들이 할머니가 추구하는 가치와 관심사를 알고 있나요?
Do people around you know the values and interests you pursue?

20   .   .

QUESTION
087

할머니와 가장 가까운 사람들의 우선순위와 목표는 무엇입니까?
What are your nearest people priorities and goals?

20   .   .

손자손녀가 함께 읽는 할미북
Grand mother's book

QUESTION

088

할머니는 그분들이 우선순위와 목표를 이루게 도와주고 있나요?
Are you helping your nearest people to achieve their priorities and goals?

20   .   .

Grand Mother's Day

08

할머니의
직장생활

PICTURE

할머니의 직장과 관련된 사진을 붙여주세요
Mommy's Profile Mommy's Profile

PICTURE

할머니의 직장과 관련된 사진을 붙여주세요
Put your memory picture here

TALKING ABOUT GRAND MOMMY

할머니의 직장에 대해 **이야기하다**

QUESTION

할머니는 직장에서 성공에 대해 무엇을 깨달았나요?
Did you realize what success is at work?

20 . .

QUESTION

할머니는 직장에서 행복에 대해 무엇을 배우셨나요?
Did you realize what happiness is at work?

20   .   .

QUESTION
091

할머니는 직장에서 가장 즐거운 부분은 무엇이었나요?
What was the most enjoyable part of your job?

20   .   .

QUESTION

할머니는 직장에서 가장 즐거운 부분은 무엇이었나요?
What was the most enjoyable part of your job?

20   .   .

QUESTION
093

할머니는 직장에서 가장 참기 힘든 부분은 무엇이었나요?
What was the most intolerable thing at work?

20 . .

손자손녀가 함께 읽는 할미북
Grand mother's book

QUESTION
094

직장생활 중 할머니는 어떤 측면에서 가장 소홀히 하셨나요?
What was the most negligent in your career?

20   .   .

QUESTION
095

신입사원에게 어떤 조언을 해주고 싶은신가요?
What advice would you like to give to a new employee?

20   .   .

손자손녀가 함께 읽는 할미북
Grand mother's book

QUESTION
096

오늘이 다른 날보다 훨씬 특별한 이유는 무엇인가요?
Why is today so much more special than other days?

20 . .

QUESTION
097

오늘 할머니의 하루가 어땠는지 자세하게 이야기 해주세요.
Tell me about your day in detail.

20   .   .

손자손녀가 함께 읽는 할미북
Grand mother's book

QUESTION
098

오늘 할머니를 미소짓게 만든 일이 있었나요? 왜 그렇죠?
Did something make you smile today? Why is that so?

20   .   .

손자손녀가 함께 읽는 할미북
Grand mother's book

QUESTION
099

시도해보지 못했지만 꼭 해보고 싶은 일이 무엇입니까?
What do you want to try though you haven't tried yet?

20   .   .

손자손녀가 함께 읽는 할미북
Grand mother's book

QUESTION
100

돈, 가족, 시간등 아무런 제약이 없다면 무엇을 하고 싶어요 ?
What would you do if you had no restrictions on money, time, or career?

20   .   .

손자손녀가 함께 읽는 할미북
Grand mother's book

QUESTION
101

살면서 무엇이 가장 할머니에게 큰 만족감을 주었습니까?
What made you feel most satisfied in your life?

20   .   .

QUESTION
102

할머니가 다시 태어난다면 어떤 사람으로 태어나고 싶으세요?
If you were to be born again, what kind of person would you like to be?

20 . .

QUESTION
103

누군가 물어본 질문 중 가장 답하기 어려운 질문은 무엇입니까?
What is the most difficult question to answer that someone asked you?

20   .   .

손자손녀가 함께 읽는 할미북
Grand mother's book

QUESTION
104

할머니를 창피하게 만든 질문을 받아본 적이 있습니까?
Have you ever been asked a question that embarrassed you?

20   .   .

손자손녀가 함께 읽는 할미북
Grand mother's book

QUESTION
105

할머니는 일기장을 가지고 계신가요
Do you have a diary?

20   .   .

손자손녀가 함께 읽는 할미북
Grand mother's book

QUESTION
106

할머니가 정말 후회되는 일 한가지만 말씀해주세요
Tell me one thing you regret most.

20   .   .

QUESTION
107

할머니가 생각하는 행복은 뭐에요?
Do you think what is happiness?

20   .   .

손자손녀가 함께 읽는 할미북
Grand mother's book

손자 손녀가 함께 읽는 할미북

초판 1쇄 인쇄 | 2018년 4월 10일
초판 1쇄 발행 | 2016년 4월 15일

지은이 | 휴먼미디어
편집 디자인 | 장영광
발행처 | 휴먼미디어
출판등록 | 제2014년 7월 24일, 제2014-02호
전화 | 02)2060-2938
팩스 | 02) 6918-4190
메일 | stevenjangs@gmail.com

본 저작물의 저작권은 '휴먼미디어'가 소유하고 있습니다. 저작권법에 의하여
한국 내에서 보호를 받는 저작물이므로 무단 전제와 무단 복제를 금합니다.

ISBN 979-11-87654-50-6

책값 11,000원 (만 천원)